AF240314

Numéro 24 A   Décembre 1924

LA BROCHURE MENSUELLE

PARAIT LE 15 DE CHAQUE MOIS

Rédaction et Administration : BIDAULT, 39, Rue de Bretagne, Paris

Téléphone : Archives 55-24   Compte Chèques Postaux Paris 2373-02

Doctoresse M. PELLETIER

L'AME
EXISTE-T-ELLE ?

EDITIONS DU

Groupe de Propagande par la Brochure

En dépôt : *LIBRAIRIE DES VULGARISATIONS*

Sociales, Scientifiques, Littéraires

39, Rue de Bretagne — Paris-3ᵉ

ŒUVRES DE LA DOCTORESSE MADELEINE PELLETIER

En Vente à la "Librairie des Vulgarisations"

30, Rue de Bretagne — PARIS

Compte Chèque Postal : Bidault-Paris 239-02

VICTOR MARGUERITTE

Ton corps est à toi

Poursuivant en toute sérénité ce qu'il considère comme haute mission moralisatrice, l'auteur de « Prostituée » nous donne aujourd'hui une nouvelle grande œuvre d'humanité et de pitié.

Certes, on entend d'avance — au seul énoncé du problème auquel il s'attaque — la clameur délirante des Pharisiens : « Comment, *ton corps est à toi* ?

Les chiens aboient : l'écrivain sociologue passe. Grave et documenté, vengeur, il nous dit ce qu'est, en réalité, la morale « néo-Malthusienne » ou plutôt » Drysdalienne » entourée jusqu'à présent d'une sorte de halo d'opprobre par la religion catholique qui s'obstine dans sa haine contre le sexe et contre la loi naturelle...

Des peintures crues, des scènes audacieuses ? On en retrouvera dans ce livre, et ce n'est pas la faute de l'auteur si sa pure et tendre héroïne se débat dans les milieux de nos grandes villes ruisselants d'abjection. L'essentiel, c'est la ligne que commence à tracer « Vers le bonheur » *Ton corps est à toi* (Flammarion, éditeur, un volume, 12 francs) premier volume d'une trilogie nouvelle à qui on peut prédire, par le monde, le même immense retentissement qu'a eu « *La Femme en chemin* ».

Un volume in-18 jésus. — Prix : 12 francs.

En Vente à " LA BROCHURE MENSUELLE "
39, Rue de Bretagne -:- PARIS (III)

MANUEL DEVALDÈS

La Maternité Consciente
Le Rôle des Femmes dans l'Amélioration de la Race

Qui oserait propager l'idée de maternité inconsciente? Et pourtant, malheureusement, celle-ci n'est que trop souvent une réalité. L'eugéniste qui poursuit l'idéal d'un être humain rénové et d'une race biologiquement pure, milite pour la maternité consciente, trop rarement pratiquée. Dans son livre, si fortement documenté, MANUEL DEVALDÈS envisage les conditions à remplir par les couples et les sociétés pour la réalisation de cet idéal.

Il retrace l'histoire de la jeune science de l'*eugénique* et en expose les principes; puis il aborde la question de l'hérédité et passe en revue les divers facteurs de l'hérédité morbide en même temps qu'il en décrit les effets. Il établit aussi le rôle que joue le milieu défectueux dans la dégénérescence humaine. Avec force preuves, il montre les résultats de l'hérédité mauvaise et du milieu imparfait conjugués, dans les tares physiques et mentales des individus, la criminalité, la pauvreté et la guerre.

En passant l'auteur démontre, à l'aide d'un document produit pour la première fois en France, le rôle de l'épuisement de la mère dans la mauvaise naissance.

Il traite des obstacles qui se dressent devant la pratique de la maternité consciente. Puis, la stérilisation comme moyen de purifier la race, l'éducation sexuelle, le féminisme, le mariage dans leurs rapports avec le sujet, sont également considérés. La première partie du livre se termine sur un chapitre d'une haute élévation morale : « *L'Ethique de la maternité consciente* ».

Dans une seconde partie, l'auteur parle de l'œuvre eugénique dans le monde. Le cas de la Grande-Bretagne est traité d'une manière magistrale. Ce qui se fait en Allemagne et en Russie entre autres pays, intéressera non moins particulièrement le lecteur.

En résumé, un livre pour les femmes d'abord, mais que les hommes liront aussi avec fruit.

Un volume 12/18.   **10 fr.**

En vente à "LA BROCHURE MENSUELLE"
39, Rue de Bretagne -:- PARIS (IIIe)

L'Ame existe-t-elle

Après une période de positivisme, le monde intellectuel est revenu au spiritualisme ; le philosophe M. Bergson semble avoir été un des initiateurs de ce revirement qui a conquis aujourd'hui une forte proportion des gens qui pensent ou qui passent pour penser.

Les causes profondes de cette transformation de la mentalité me paraissent suspectes à bien des égards et je soupçonne fort ceux qui invoquent aussi ardemment l'esprit d'avoir surtout en vue la matière.

Devant la pousssée du quatrième état réclamant son droit à la vie heureuse, la bourgeoisie s'est mise à penser qu'elle avait eu tort de combattre la religion et que l'esprit voltairien, excellent pour conquérir le pouvoir, est mauvais pour le garder. Elle a donc entrepris la restauration des anciennes croyances.

Ce retour, cependant, ne pouvait se faire d'emblée dans un pays où les catholiques pratiquants étaient en minorité infime. Il fallait aller pas à pas et le premier pas consistait à amener les gens cultivés d'abord, les masses ensuite à croire que l'âme et la vie future ne sont pas des absurdités.

C'est ce que fit M. Bergson en France, William James en Amérique. Ils ont en partie réussi, et aujourd'hui on tente le second pas, la restauration religieuse ; elle a lieu partout (1).

Les intérêts des classes dirigeantes ne sont pas à vrai dire le seul fondement de cette involution. La science ne peut suffire à tout ; du moins tant que la science ne sera pas parvenue à abolir la mort, ce à quoi elle n'arrivera jamais ; cela est plus que probable. La perspective affreuse de l'anéantissement inévitable assombrit toute la vie ; elle peut laisser résigné le paysan inculte, mais elle affole un Pascal. Plus le cerveau s'ap-

---

(1) Ceci a été écrit avant le 11 mai 1924, jour de la défaite électorale du Bloc National. La France alors a paru se ressaisir.

proche de la prépondérance, plus la personnalité s'affirme, l'idée du non-être devient alors insupportable.

On aura donc toujours beau jeu à dire aux hommes qu'ils ne meurent pas tout entiers; on suscite en eux des espérances telles qu'ils ne sont pas du tout difficiles quant à la preuve. Les jongleries les plus grossières de prestidigitateurs professionnels prennent valeur de faits surnaturels, même aux yeux des gens cultivés.

Dans un article intitulé: « L'âme et le corps » M. Bergson tire argument contre le matérialisme du fait que la découverte des localisations cérébrales ne semble plus aussi certaine qu'il y a vingt ans. Des personnes privées par la maladie ou un traumatisme de la circonvolution de Broca n'ont pas perdu pour cela l'usage de la parole; des malades ont continué de se mouvoir alors qu'ils avaient perdu les circonvolutions rolandiques, etc.

Cela à mon avis ne prouve rien contre le matérialisme.

La science, se faisant par les savants qui sont des hommes, n'est pas exempte des passions et des légèretés humaines. On s'engoue d'une découverte et ensuite il faut déchanter. Les localisations cérébrales sont des faits trop grossiers pour qu'elles puissent expliquer à elle seules l'intelligence qui doit être un mécanisme très compliqué. Il ne faut voir en elles qu'une partie de la vérité.

Un tabétique ne peut plus marcher parce qu'il a une lésion de la moelle épinière. On lui apprend à marcher comme on le lui a appris durant la première année de sa vie; il marche à nouveau. Comme les parties lésées de la moelle ne sont pas régénérées, il faut bien admettre qu'un nouveau centre neuro-cellulaire, a suppléé celui qui est détruit.

Peut-être les centres cérébraux que l'on considérait comme des organes fixes ne sont-ils que transitoires. Entre le mouvement et le centre il y aurait non seulement rapport de machine à mécanicien, mais échange d'effets. Ainsi le mouvement pourrait créer le centre et lorsque le centre est détruit, le mouvement en créerait un autre ailleurs. Et cela n'infirme en rien le matérialisme, car tous ces phénomènes ont pour théâtre le corps humain et non l'étoile Sirius.

Bien des faits d'ailleurs restent acquis à la science du cerveau. Ces circonvolutions qui se retrouvent les mêmes, à la même place, chez tous les hommes ne sont pas l'effet du hasard; elles servent à quelque chose. Il semble établi qu'elles croissent en complexité avec le degré d'intelligence de l'espèce animale, de la race humaine, de l'individu.

M. Bergson ne nie pas le rôle du cerveau, mais il en fait l'instrument de l'âme. Toutes les insuffisances et toutes les tares de l'âme: enfance, vieillesse, maladies tiendraient selon lui à l'état de son instrument cérébral; avec un mauvais cerveau l'âme ne pourrait penser que de manière inférieure; comme on fait de mauvaise musique avec un piano mal accordé.

C'est une pétition de principe. Nous connaissons la pensée, nous connaissons le cerveau mais nous ne savons rien de l'âme; jamais l'âme ne s'est révélée à nous; elle n'est, comme Dieu, qu'une pure hypothèse.

C'est à M. Bergson et à ceux qui pensent comme lui de nous montrer l'âme avant de prétendre que le cerveau n'est que son instrument.

La pensée se développe, atteint sa maturité; puis elle s'affaiblit et meurt tout comme le corps. Obscure chez le bébé, elle grandit et prend de la vigueur avec l'enfant; elle est à son apogée chez l'adulte et elle décroît peu à peu dans la vieillesse à mesure que le corps s'affaiblit.

C'est l'instrument, dit M. Bergson; le cerveau croît et décroît avec le corps; mais l'âme reste elle-même.

De cette âme inaltérable nous n'en avons aucune connaissance. Si elle pouvait exister, nous en aurions conscience. Elle se révélerait à nous au travers des vicissitudes du corps. Rien de pareil. Aucune lumineuse éclaircie de l'âme immortelle au travers de la pensée enfantine, rien que l'ignorance, l'inexpérience, la légèreté, l'inconscience, la crédulité, la simplicité.

Contrairement au phénoménisme absolu, il est per-

mis de croire que les états de conscience sont objets
d'un sujet difficilement connaissable. Le phénoménisme
absolu, d'ailleurs, est la négation complète; il aboutit
au suicide de la raison, car après avoir nié le monde
extérieur, il nie le monde psychique lui-même, car rien
n'est certain que l'état de conscience présent, tout le
reste est inférence.

Cela montre la difficulté de ces problèmes ou plutôt
l'infirmité de notre esprit. Nous ne sommes que des
animaux et il est déjà bien beau que nous soyons arri-
vés à connaître du monde ce que nous en savons; de
pouvoir tracer le parcours des astres, de savoir même,
par l'analyse spectrale de quels corps est composé le
soleil qui brûle à des millions de kilomètres de nous.

Notre personnalité se détache en quelque manière des
états de conscience; c'est pour cela que l'introspection
est possible. Je dis *ma* mémoire comme je dis *ma*
jambe; postulant ainsi que l'une et l'autre sont objets
par rapport à moi.

Il est à remarquer cependant que la mémoire est
beaucoup plus près du sujet que la jambe. On peut
perdre sa jambe sans que la personnalité soit profon-
dément touchée, mais que resterait-il du fameux *Je
pense*, de Descartes, si la mémoire venait à disparaître
complètement, la perception elle-même serait troublée
à tel point que le monde passerait devant nous comme
les images d'un kaléidoscope.

Le *moi* n'est donc pas une entité, c'est un résultat.
Nous le sentons distinct des états fugitifs de la conscience; mais ce sont néanmoins ces états qui l'élabo-
borent; c'est pour cela que la personnalité se modifie
avec le temps.

Lorsque nous repensons aux années écoulées notre
moi s'efface à mesure du nombre de ces années c'est
bien moi qui faisais hier telle ou telle chose; ma personnalité est entière dans ce souvenir, mon moi se pro-
longe jusqu'à lui. Mais si je pense à mon enfance, le
souvenir des faits qui m'en reste est presque objectif;
je revois bien mon corps tel qu'il était alors, les mou-

,vements qu'il faisait mais mon moi actuel n'est plus présent à cet acte; c'est presque comme s'il s'agissait d'un autre enfant et non pas de moi-même.

Le moi est donc, à certains égards, distinct des états de conscience, mais il en émane; c'est pourquoi il y a un moi d'enfant, un moi d'adulte, un moi de vieillard, un moi d'aliéné.

Les maladies de l'esprit constituent un des arguments les plus forts contre l'existence de l'âme. Comment une âme spirituelle et distincte du corps pourrait-elle être folle? C'est cependant en pure perte que l'on essaie de raisonner un aliéné, de lui montrer l'absurdité de son délire; il ne comprend pas, car quelque chose en lui est troublé, qui est plus profond que les idées et la logique.

Lorsque le fou est guéri, il est très difficile de lui faire analyser sa folie. Si on l'interroge, il répond que c'est comme un rêve qu'il a fait; impossible de relier ce prétendu rêve au moi antérieur et au moi présent; l'âme folle était une autre âme.

M'. Bergson croit au libre arbitre et il voit en lui la preuve de l'existence de l'âme. Notre pensée se distinguerait par sa liberté du reste de la nature qui est dominé par la nécessité.

Nous avons, il est vrai, conscience d'une certaine liberté; mais est-ce à dire que les actes psychologiques soient sans cause?

Si je veux, je puis évidemment me jeter par la fenêtre et cependant je sais bien que je ne le ferai pas, parce que je tiens à la vie. Pour que je le fasse, il faudrait des motifs; quelque grand malheur ou bien la folie qui susciterait en mon esprit des mobiles illusoires. Tout est déterminé en nous comme dans le monde, ce n'est pas par hasard que j'ai telle pensée; en cherchant je trouverai toujours une pensée ou une perception qui l'a déterminée.

Les lois de l'association des idées expliquent en partie l'enchaînement de nos pensées, en partie seulement, car il faudrait savoir pourquoi parmi tant de souvenirs c'est tel et non pas tel autre qui est réveillé.

Parfois de longues séries de souvenirs se déclenchent.

Par exemple, une pièce de vers apprise par cœur durant l'enfance et qui, nous revient tout entière alors qu'on la croyait oubliée depuis bien des années. On croirait entendre un disque de phonographe.

Il est à présumer que le mécanisme de la pensée sera toujours mal connu, car nous n'avons pour le connaître que l'introspection. Nous sommes à la fois sujet et objet. Quant à nos volitions, elles ont une cause qui pour être d'ordre psychologique n'en existe pas moins. Même en faisant un acte pour prouver mon libre arbitre, je suis déterminé par un motif; la volonté de prouver que je suis libre.

Cette idée de liberté psychologique doit, au fond, n'être autre chose que la conscience du centre des mouvements musculaires. Cette dépendance des membres à l'égard du moi donne l'illusion de la liberté.

Il y a des personnes dont la croyance au libre arbitre est déterminée par des considérations de responsabilité morale; elles ne comprennent que superficiellement la question.

A leurs yeux, nier la liberté équivaut à admettre que nous sommes agis par des causes: milieu, hérédité, etc., extérieures à la volonté elle-même.

Rien de semblable, l'hérédité et le milieu nous donnent des mobiles qui peuvent parfaitement être inhibés par des mobiles contraires. Tel qu'une hérédité alcoolique pousse aux actes violents, pourra cependant se dominer s'il a une philosophie qui condamne la violence. Evidemment il aura plus de mal qu'un autre à refréner ses instincts, mais il peut y parvenir. On résiste à l'hérédité et au milieu non parce qu'on a le libre arbitre; mais parce qu'on obéit à la raison.

J'insisterai peu sur l'influence des stupéfiants: cocaïne, opium, alcool, etc., car ils fournissent leur argument habituel aux matérialistes. Néanmoins il est indubitable qu'une légère intoxication par ces poisons suffit pour transformer notre personnalité ordinaire. Non seulement nos sentiments, mais nos idées elles-mêmes sont modifiées. Il arrive même que sous ces influences l'individu est passagèrement supérieur à ce qu'il est à l'état sain. Tel savant, par exemple, fait une découverte sous l'influence du café; il est des musiciens qui ne peuvent composer que lorsqu'ils ont pris du haschich.

C'est le cerveau qui est intoxiqué, répondraient les spiritualistes et comme tel il trouble l'âme. Je le veux bien, mais encore une fois, c'est l'existence de l'âme qu'il faudrait démontrer.

II

La vié future est grandement désirable. Les morts que nous apprenons nous plongent toujours dans la stupeur; surtout lorsqu'elles frappent des personnes en pleine force intellectuelle. Comment ne peut-il rien rester d'une puissante intelligence? ce saut brusque de la conscience au néant semble contredire le processus habituel des lois de la nature.

Mais essayons d'imaginer ce que serait l'univers si les âmes étaient immortelles.

D'abord, il serait arbitraire de restreindre à l'humanité le bénéfice de cette immortalité. L'homme est plus intelligent que les animaux; mais c'est un animal. Les mammifères, par la disposition et la structure de leurs appareils et organes, nous ressemblent singulièrement. Il faut être un anatomiste pour distinguer un cœur de mouton d'un cœur humain. Comme nous, les singes, les chiens, les chats connaissent l'affection et il sont jaloux tout comme les hommes. Evidemment, entre Newton et un caniche la différence semble infinie; mais elle est beaucoup moins grande entre le même caniche et un homme sauvage dont la vie est tout à fait animale.

Si nous avons une âme, les bêtes en ont donc une et

comme du protozoaire au singe anthropoïde la chaîne est continue, il faudrait doter d'une âme toute la zoologie. Ne faudrait-il pas aussi joindre la botanique; car si un chien nous apparaît bien plus vivant qu'un arbre; l'arbre est plus vivant qu'une amibe.

Où loger toutes ces âmes, car il doit y en avoir un nombre bien difficile à chiffrer, si l'esprit de tout ce qui a vécu demeure à jamais.

Revenons à l'homme. Il naît, comme tous les animaux, de l'union d'un spermatozoïde et d'un ovule. A quel moment l'âme se loge-t-elle dans l'être humain? Faut-il doter d'une âme l'ovule fécondé. Et si cet ovule se trouve expulsé, que devient son âme? que l'on songe au nombre des âmes ovulaires dont l'univers serait peuplé. L'admission de l'âme fœtale nous conduit à des absurdités identiques.

Si je voulais faire des hypothèses, je trouverai plus admissible l'idée d'une âme qui serait une émanation cérébrale. Nulle chez le fœtus et le nouveau-né, elle s'élaborerait à mesure du développement du cerveau; elle serait le substratum de la personnalité, substratum qui, après la mort, pourrait subsister, du moins pendant un certain temps.

Mais de cela nous n'avons aucune preuve; car malgré ma bonne volonté, je n'ai jamais pu découvrir, dans les pratique des spirites, la preuve d'une survie quelconque.

Le spiritisme a, au moment où j'écris, des adeptes fort nombreux; mais cela n'est pas une preuve de sa vérité. Le bouddhisme, le christianisme, l'islamisme ont eu et ont encore beaucoup plus de fidèles, ils n'en sont pas plus vrais pour cela. L'au-delà est à tel point souhaitable que l'humanité ne demande qu'à y croire.

Sur les esprits contemporains qui tous connaissent les sciences, au moins par ouï dire, le spiritisme a l'avantage de ses apparences scientifiques. Il ne se borne pas, comme les religions, à se targuer d'une révélation lointaine; il a des laboratoires, il fait des expériences; cela suffit pour convaincre le très grand nombre des gens qui ne cherchent pas à approfondir.

Pour quiconque se montre plus difficile quant à la preuve, le spiritisme a tout contre lui. D'abord, les allures de religion qu'il prend de plus en plus. Aujourd'hui le spiritisme a des chapelles où l'on prêche et où l'on prie comme aux églises des religions officielles. J'ai assisté quelque fois à ces prêches spirites; on y mêlait à une morale copiée sur les religions, une politique chauvine et réactionnaire.

Si le spiritisme était une vraie science, tout le monde y croirait; qui doute aujourd'hui de la télégraphie sans fil. Mais au lieu d'appeler le public à constater, comme le fait la science, le spiritisme fait du mystère; il exige que l'on croie avant de voir.

De grands savants ont cru ou croient encore au spiritisme; l'argument est impressionnant mais non irrésistible.

Un livre publié récemment, *Plutarque a menti*, s'est donné le but de détruire les illusions des masses à l'endroit des chefs militaires. On pourrait écrire un ouvrage pareil sur les hommes de science. Un savant peut être un homme supérieur, mais il ne l'est pas nécessairement. Les sciences sont des métiers et bien des savants ne sont que de bons ouvriers dont l'esprit est fermé à tout ce qui n'est pas leur spécialité. D'ailleurs, un savant peut s'adonner au spiritisme dans la vieillesse; alors que ses facultés sont affaiblies; il peut aussi le soutenir par intérêt, pour sacrifier au goût du public, etc.

Tout ce que j'ai pu voir du spiritisme n'a été que pauvretés et jongleries grossières.

Les tables tournantes disent la profonde indigence intellectuelle des masses. On s'assemble dans une pièce obscure, autour d'une table sur laquelle on pose les mains. Une demi-heure passe, rien ne vient. A la fin, un des assistants, devenu nerveux, appuie consciemment ou non sur la table. L'assistance suit le mouvement et voilà les esprits déclenchés. La table dit des choses que l'on pourrait dire sans elle; piquée de galanterie, elle diminue l'âge des dames; c'est peut-être charmant, mais cela n'a rien de scientifique.

Le spiritisme, en réalité, n'est qu'une religion et c'est une religion inférieure; sans théologie originale, il ne vaut pas les religions officielles.

Les religions ont pu faire du bien dans le passé; mais elles ont fait aussi beaucoup de mal. Sans parler des cruautés de la théocratie, elles ont eu pour effet d'endiguer la pensée et de détourner l'humanité de la science qui, seule, peut faire la vie de plus en plus heureuse.

Doctoresse PELLETIER.

Imprimerie spéciale de "LA BROCHURE MENSUELLE", 39, Rue de Bretagne - Paris-3.

Le Gérant : BIDAULT

Groupe de Propagande par la Brochure

La propagande par la brochure est une des meilleures lorsqu'on peut la faire avec suite.

Nos devanciers s'y sont employés de leur mieux. A l'heure actuelle, il est plus que nécessaire d'entreprendre une large diffusion de nos idées. C'est dans cette conviction qu'un groupe de camarades s'est constitué et a décidé de faire paraître tous les mois une, deux, trois, quatre brochures ayant 8-16-24 ou 32 pages de texte, toutes du même format, sur beau papier, permettant aux camarades de pouvoir les relier ensemble et constituer pour eux une Bibliothèque Sociale à bon marché.

Le Groupe est certain de faire paraître : « La Brochure Mensuelle » pendant longtemps.

La difficulté était d'éditer à très bon marché, vu la cherté du papier, de l'impression, du brochage et frais d'expédition qui sont considérables.

Nous croyons avoir trouvé la solution et pouvons assurer à nos amis que nous céderons les brochures à un prix inférieur à leur prix de revient.

But du Groupe. — Comme le but du groupement est : la plus large diffusion de ces brochures, il s'agit de trouver des camarades partisans de notre méthode qui, s'abonnant à « La Brochure Mensuelle » pourront s'employer à la propagande en faisant circuler les brochures parmi ceux qu'ils connaissent, soit en les distribuant eux-mêmes, soit par la poste lorsqu'ils ne voudront pas faire savoir qu'ils s'intéressent à la propagande, soit en discutant avec des camarades : il est facile de leur glisser une brochure et de leur arracher deux sous. Les abonnés pourront ainsi récupérer le montant de leur souscription et augmenter leur propagande.

Camarades, aidez-nous, en souscrivant de nombreux abonnements à « La Brochure Mensuelle ».

Pour la France : 1 an, 6 francs 50, 6 mois, 3 francs 25.

Chaque abonné recevra mensuellement suivant les éditions :

    Soit 5 Brochures de 24 ou 32 pages (1 titre)
    » 10   —   16 pages (2 titres)
    » 20   —   8 pages (2 titres)

Abonnement d'essai : un exemplaire chaque mois. Prix, 2 fr.

Pour l'Extérieur : Abonnement annuel 1 exemplaire, 3 fr.; 2 exemplaires, 4 fr. 50; 4 exemplaires, 8 fr. 90 ; 6 exemplaires, 13 fr. 10.

Tout ce qui concerne « La Brochure Mensuelle », « Nos Editions Sociales », « Le Service de Librairie », doit être adressé à cette adresse : BIDAULT, 39, rue de Bretagne, Paris (3ᵉ).

Pour les envois de fonds, utilisez toujours le chèque postal : PARIS-23902, c'est le moins cher, le plus certain.

Un service gratuit est fait pendant 3 mois à toute personne qui en fera la demande.

Renseignez-vous sur les avantages accordés aux abonnés.